MW01223386

Tadpole Books are published by Jump!, 5357 Penn Avenue South, Minneapolis, MN 55419, www.jumplibrary.com

Editor: Jenna Trnka Designer: Molly Ballanger Translator: Annette Granat

Photo Credits: Olhastock/Shutterstock, cover; nikpal/iStock, 1; StuPorts/iStock, 3; edurivero/iStock, 4–5, 2tr; Sonsedska Yuliia/Shutterstock, 6–7, 2tl; Ann and Steve Toon/Alamy, 8–9, 2ml; Alina Wegher/Shutterstock, 10–11, 2br; photomaster/Shutterstock, 12–13, 2bl; Anke van Wyk/Shutterstock, 14–15, 2mr; Daleen Loest/Shutterstock, 16.

Library of Congress Cataloging-in-Publication Data
Names: Gleisner, Jenna Lee, author.
Title: Las orejas / por Jenna Lee Gleisner.
Other titles: Ears. Spanish
Description: Minneapolis, MN: Jump!, Inc., (2020) | Series: Las partes de los animales | Includes index. | Audience: Age 3–6.
Identifiers: LCCN 2019001169 (print) | LCCN 2019001853 (ebook) | ISBN 9781641289740 (ebook) | ISBN 9781641289733 (hardcover : alk. paper)
Subjects: LCSH: Ear—Juvenile literature.
Classification: LCC QL948 (ebook) | LCC QL948 .G5418 2020 (print) | DDC 591.4/4—dc23
LC record available at https://lccn.loc.gov/2019001169

LAS OREJAS

por Jenna Lee Gleisner

TABLA DE CONTENIDO

tadpole
en español

PALABRAS A SABER

altas

cortas

grandes

peladas

pelo

pequeñas

OREJAS

¡Veamos orejas de animales!

oreja

Pueden ser cortas.

Pueden ser altas.

Pueden ser grandes.

oreja

Pueden ser pequeñas.

pelo

Pueden tener pelo.

Pueden ser peladas.

¡REPASEMOS!

¿Cómo son las orejas de este animal?

ÍNDICE